AF476819

QUERELLES MÉDICALES

LETTRES A DIVERS

ÉVREUX

BERNAUDIN, IMPRIMEUR, RUE FERRÉE, 10

1866

LETTRE

A Monsieur le Maire de la ville de Rouen

Président de la Commission administrative des hôpitaux.

> Le pays, mon bon, me dit l'impassible brigadier, se compose des maréchaux, généraux, colonels, lieutenants, préfets et autres habits brodés que je respecte. Le reste est un tas de conscrits qui doivent obéir et se taire.
>
> *Paris en Amérique.*

MONSIEUR LE MAIRE,

Bacon a dit : La science c'est le pouvoir ; et après lui Bilboquet en ses mémoires : Le Pouvoir est aux éloquents et aux tartiniers.

Vous êtes un éloquent, Monsieur le Maire ; vous faites souvent des discours, et votre répertoire obtient généralement un succès qui décourage vos rivaux dans l'art de bien dire.

La joie publique s'associe au bonheur avec lequel vous versez ces flots de sentences puisées au plus profond du livre de la

Sagesse des nations. Elle s'exalte en vous voyant jeter avec la profusion d'un prodigue toutes les fleurs du langage sacramentel des cérémonies publiques.

Que de macédoines académiques vous avez composées, Monsieur le Maire, avec les grands mots d'honneur, émulation, patrie, travail, justice, liberté, civilisation! C'est le propre de l'éloquence officielle de n'avoir pas besoin des ressources de *l'invention;* un peu d'action dans une mêlée où se rencontrent : « les aïeux, le bon ordre, le char du progrès, la gloire de nos armes, le télégraphe et les chemins de fer » assure un triomphe dont vous êtes du reste coutumier, Monsieur le Maire, tant vous possédez cette précieuse qualité de *l'action.*

Les oreilles publiques reçoivent toutes grandes ouvertes ces sons de votre lyre distribués selon les règles d'une cadence harmonieuse. La foule ingénue admire et, comme les anciens quand ils écoutaient les oracles, croit à toutes ces maximes que la morale voudrait, mais que la vérité refuse d'inscrire dans le code de l'humanité.

On proclame partout, et vous les avez souvent embellies des agréments que sème partout l'orateur, ces sentences « de la rémunération accordée au travail, du succès réservé au mérite, de la vertu toujours récompensée. »

Mais les médecins qui ont quelque instruction, Monsieur le Maire, ont appris par cœur, dès leur enfance, que

La raison du plus fort est toujours la meilleure.

Ils ont su de la bouche de leurs premiers maîtres que

Tout flatteur vit aux dépens de celui qui l'écoute.

Et ce n'est pas sans satisfaction qu'ils entendent quelquefois un magistrat comme vous, Monsieur le Maire, affirmer les principes d'une morale plus pure.

Tant d'austérité nous rassure, et lorsqu'il s'agit d'une adoption à faire, d'une préférence à donner parmi les membres de la famille médicale, nous espérons que votre choix s'arrêtera sur le plus digne. Nous sommes certains que vous avez à cœur de laisser la parole à la Justice, l'empire au bon droit, et non de faire prévaloir le *sic volo, sic jubeo* d'un bourgeois volontaire et fantaisiste. Nous sommes convaincus de votre sollicitude à pondérer avec soin, à mesurer avec religion les titres des candidats sérieux qui se présentent à votre suffrage, aussi bien que de votre attention à écarter les compétitions importunes des favoris.

Le chancelier Séguier disait qu'il y avait deux sortes de consciences : « l'une d'Etat, qu'il fallait accommoder à la nécessité des affaires ; l'autre à nos actions particulières. » Le chancelier Séguier est mort depuis longtemps, et les accommodements de sa conscience ont disparu de nos mœurs publiques comme les accommodements avec le ciel ont disparu de la vraie religion. Les hommes d'État de notre siècle ne connaissent que la droiture et la vérité, on l'assure du moins ; je le crois fermement et je le déclare, afin d'éviter tout malentendu.

Mais il y a des sceptiques qui doutent de l'infaillibilité du Pape, et à plus forte raison de l'infaillibilité de Monsieur le Maire, et ce ne sont ni les textes ni les *traités* qui leur manquent pour appuyer leur opinion.

Vous avez fait récemment, Monsieur le Maire, de concert avec la Commission administrative de nos hôpitaux, un choix dans nos rangs. Les juges n'avaient point à partager leur attention sur un grand nombre de candidats : ils étaient au nombre de quatre!

C'est une dure condition que celle de candidat. Vous l'avez été vous-même, il y a quelques mois, Monsieur le Maire; vous vous êtes fait solliciteur à votre tour près de ce maître capricieux qui est partout et qui n'est nulle part, près du suffrage universel.

Pour obtenir leurs bonnes grâces, vous avez adressé aux électeurs un discours écrit pour leur exposer les grands faits de votre histoire. Épaminondas, montrant aux Thébains ses glorieuses blessures et leur racontant ses exploits, ne fut pas mieux inspiré. L'envie seule a pu prétendre que vous aviez l'attitude d'un prédicateur parlant à des anthropophages, et incertain, s'il ne les convertit pas, des fins de sa destinée. Ce qu'il y a de positif, c'est qu'il ne s'est point trouvé trop de voraces et que vous êtes devenu l'un de nos trente-six échevins.

Nous aussi, Monsieur le Maire, pauvres gens de l'art de guérir, nous aussi, nous avons grand peur, lorsque nous sollicitons un mandat public, lorsque nous aspirons à occuper, par exemple, un poste dans les hôpitaux! Ce n'est pas l'honneur ou la vanité qui nous enflamme: notre fortune, l'avenir de toute une famille, notre vie tout entière dépendent souvent de ce premier succès.

Des quatre candidats en question, trois avaient été internes de nos hôpitaux — internes par concours; — ils avaient fourni leur certificat de bonnes vie et mœurs, les uns avaient donné des preuves non équivoques de savoir, en remportant des prix dans l'école, en faisant des cours publics; et les autres avaient rendu des services gratuits aux indigents, aussitôt qu'ils avaient été munis d'un diplôme obtenu à la faculté de Paris.

Le quatrième candidat était un aimable cavalier, bien fait pour charmer des juges. Esprit fin et facile, causeur habile, valseur incomparable, il a toutes les qualités qui constituent le gentleman à pied. Lui fera-t-on un reproche de se servir des armes que lui a données la nature? Accuse-t-on Grippeminaud pour ses minauderies? le colibri pour son plumage? le rossignol pour ses mélodies? — Evidemment non.

Que lui reproche-t-on alors? — Rien ou presque rien, une coquille à la première page de sa thèse.

La thèse n'est pas ce qu'un vain peuple pense. Ce n'est pas seulement un théorème scientifique, la dernière épreuve imposée au jeune savant : c'est encore comme le blason qui indique que le chevalier a déjà gagné ses éperons.

Après avoir dédié son œuvre à son père, à sa mère, à l'oncle Simplet, au grand frère, au professeur Grosbourdon, à tous ses savants et vénérés maîtres, et à tous les principaux imposés de la famille et du cercle des amis, le docteur nouveau-né s'annonce au public et lui déclare les titres plus ou moins nombreux qu'il a déjà acquis à la confiance générale.

Il est important que ces titres soient authentiques, comme on dit en jurisprudence, sinon la confrérie tout entière affirme à tout venant que le docteur porte une décoration étrangère à la vérité, et prenant texte pour faire un bon procès devant l'opinion publique, s'ingère de savoir s'il est de Montpellier, Strasbourg ou Paris, s'il a fait de longues études et comment il en a tiré profit. Elle se préoccupe de ce qu'il dit et de ce qu'il fait ; enfin, s'agite, dispute et chicane à propos de l'artisan d'imposture.

Quant à la science qu'il possède, ce n'est pas l'important. Concini devint maréchal de France sans avoir jamais porté les armes : Richelieu fut nommé de l'Académie sans avoir su de sa vie l'orthographe : il n'est pas impossible de devenir médecin célèbre sans savoir la médecine !

Il n'arrive pas dans nos murs un docteur dont la compagnie

ne tire tout de suite l'horoscope. Que le débutant soit savant à lui tout seul comme une académie tout entière, ou qu'il soit bâté comme l'âne renforcé du fabuliste, il n'importe. — Mais a-t-il un pied à la Préfecture ? — La Mairie lui prête-t-elle une oreille complaisante? — Le député le voit-il d'un œil bleu à travers ses lunettes d'or? — La magistrature le couvre-t-elle de sa robe pour le faire éclore un jour à la lumière ? — La finance lui prêtera-t-elle son secours ? — Peut-il faire quelque fonds sur l'administration hospitalière, sur la direction des douanes, l'octroi, les chefs de notre garde civique, le capitaine des pompiers, les sociétés de secours mutuels, la crèche, la morgue, etc., etc ?—Si oui, l'avenir s'ouvre pour lui radieux ; si non, il mourra peut-être à la porte de l'hôpital avec toute sa science d'académie.

La confrérie a donc fait l'horoscope, elle a fait aussi l'examen des titres qu'a déclarés le candidat préféré par l'Administration. Elle prétend qu'au sujet de l'un de ces titres le docteur lui-même regrette son erreur, ou plutôt qu'il l'attribue à un bélître d'imprimeur qui, entassant sottises sur bévues et bévues sur balourdises, fit, pour couronner son œuvre, une monstrueuse et mémorable coquille !

Vous ne l'avez point aperçue peut-être, Monsieur le Maire, dans le minutieux et rigoureux examen que vous avez dû faire du mérite de chacun, et les autres candidats n'ont point eu le bonheur de voir appréciés, comme ils l'espéraient, leurs titres ***vrais***, écrits non-seulement sur leur diplôme, mais encore dans un passé laborieux et bien rempli.

Un homme qu'on allait pendre et qui protestait contre l'arrêt de sa condamnation s'écriait, dans son désespoir, que décidément il n'y avait que deux espèces de gens au monde, ceux qui seront pendus et ceux qui ne le seront pas. Un médecin candidat aux postes des hôpitaux peut bien penser qu'il n'y a au monde que deux espèces de médecins : ceux qui sont prédestinés et ceux qui ne le sont pas.

Le médecin adjoint du deuxième service médical de l'Hospice général était destiné à devenir un chirurgien en chef. L'Administration vient de l'improviser tel. En homme qui sait vivre, le docteur a tenu à justifier immédiatement le choix qui a été fait de sa personne, et il a publié *illico* un petit travail. C'est aller bien vite : *sat cito, si sat bene.*

Nous avions autrefois, Monsieur le Maire, une certaine tradition qui tenait lieu de la loi absente. C'était comme une coutume de Normandie, en vertu de laquelle les préférences de l'Administration hospitalière étaient acquises à ceux qui avaient été internes, à ceux qui avaient rendu des services publics et gratuits, à ceux enfin qui avaient fourni leurs preuves.

Les candidats qui viennent d'échouer possédaient tous ces droits, et ils n'ont pu réussir. Ils seraient peut-être encore reconnaissants, Monsieur le Maire, si vous daigniez leur octroyer, à eux et à nous, un règlement, un petit *ordo*, l'exposé des rubriques qu'il faut observer pour obtenir les faveurs de l'Administration. Ils tâcheraient de suivre la voie indiquée au lieu de s'écarter, comme ils le font sans le savoir, de la méthode et des canons de l'autorité.

Agréez, Monsieur le Maire, l'assurance
de mon respect,

Louis LEVASSEUR.

LETTRE

A Monsieur le docteur Jules HÉLOT

Chirurgien des hôpitaux de Rouen.

> La capacité, le savoir et la sagesse, qui vont si rarement ensemble, se rencontrent parfois au village, et il est tel petit médecin dont les visites sont payées quinze sous par le paysan avare, qui en remontrerait sur nombre de points à ces sommités, comme on dit ridiculement, dont la sottise nobiliaire et la vanité bourgeoise entretiennent l'ostentation et le faste.
>
> Dr GUARDIA.
>
> *La Médecine à travers les siècles,*

MONSIEUR LE DOCTEUR,

Je vous aime : non que vous soyez aimable, et qu'il me soit permis en bonne conscience de vous dire une pareille douceur, mais il y a en vous je ne sais quoi de fougueux, d'irritant, d'endiablé qui charme comme l'attrait d'un danger et qui fait qu'on rêve à votre contact estocade, abordage et tempête.

Je vous aime parce que vous aimez les aventures. La chaleur

de votre sang vous entraîne malgré vous dans la mêlée, et, comme le vieux Montmorency, vous ne voulez parlementer qu'après la bataille.

Il vous souvient que vous vîntes me chercher querelle un jour que je venais vous offrir des fleurs, ingrat, et que vous me répondîtes par la bourrade la plus atroce, comme disent les dévots, par la trahison la plus noire !

Je vis bien ce jour-là que mon éloquence, lorsque je me mettais en frais de compliments, tournait à ma confusion ; d'autre part, quelques-uns de notre compagnie me regardent *torvis oculis*, tout-à-fait de travers ; de sorte que je viens tout bonnement vous demander la paix et la permission de vous présenter seulement une ou deux réflexions.

A une séance de la Commission administrative de l'association, il y a eu du bruit à cause de la petite brochure que je vous avais dédiée : j'ai été daubé de la belle façon. Un de nos confrères,

> Quelque peu clerc, prouva par sa harangue
> Qu'il fallait dévouer ce maudit animal,
> Ce pelé, ce galeux d'où venait tout le mal.

Eh bien, à vous parler franc, cela ne me semble pas juste. Que je sois une brebis, sinon pour la douceur, du moins pour l'égarement, j'y consens ; mais galeux est bien dur !

Qu'ai-je donc fait, Monsieur le docteur ?—Vous avez les dignités, les honneurs et les profits qui en découlent. Je fais un moment chorus avec les bonnes gens qui vous encensent, vous m'accablez de vos saintes malédictions, et c'est moi que l'on blâme !

A première vue, en recevant le poulet que m'a adressé, en

français de contrebande (1), le sempiternel secrétaire de la compagnie, j'avais eu un moment de gaîté en pensant à cette nichée de chanterelles faisant mine de défendre un vautour. — Le défendre, contre qui? bonté divine! — Contre moi, moi que dans un moment d'humeur vous avez peut-être appelé Pierrot.

Mais depuis, j'ai vu qu'on avait eu l'intention de me causer du chagrin. Le procès-verbal était signé du président, du redoutable secrétaire Rondelet, d'un docteur de la faculté Montispessulani, de Monsieur votre gendre, inspiré, je le crois bien, par l'esprit d'imitation plus que par une intention de malice, et enfin par deux ou trois hommes de campagne, habitués à opiner du bonnet au premier signe des autorités, et recrutés d'ailleurs à seule fin de constituer une majorité de cabinet.

Ainsi, je vous contais fleurette, vous me répondez par une ruade, et voilà que pour cela vous devenez le protégé du secrétaire Rondelet; puis, comme à l'abri d'une forteresse, d'un bastion, d'une grosse machine de guerre enfin, vous pouvez me mitrailler à votre aise et sans le moindre danger.

Ce qu'il y a de flatteur pour vous, dans cette protection que vous accorde le fameux secrétaire, c'est qu'elle vous est tombée du ciel ; vous ne l'aviez pas sollicitée et vous n'étiez pas présent lors de la délibération du sénatus-consulte.

---

(1) Extrait du procès-verbal :

« Après discussion, chaque membre est appelé à donner son opinion. Il est « décidé, à une très-forte majorité, qu'un blâme *serait* (sic) infligé par M. le pré- « sident, etc... Il est décidé en même temps que M. L.-V. Levasseur *recevrait* (sic) « un extrait du procès-verbal. »

Signé, *le Secrétaire*,
J B.

Vous n'assistez guère à ces conseils. Les gens qui aiment à étudier les physionomies avaient compté vous voir à la séance générale de juin dernier. Va-t-il, se demandait-on, apporter cette horrible tête de Méduse qu'il sait se composer lorsqu'il veut pétrifier ses ennemis ; ou bien, modeste et repentant, va-t-il prendre l'attitude d'un pénitent et dire, en frappant sa poitrine, son *meâ culpâ?* — Vous n'avez point paru.

On compte sur vous, Monsieur, pour la prochaine séance. Peut-être sera-t-il question d'une manifestation en faveur du nouveau professeur d'anatomie, sous les fenêtres duquel l'association donnerait une aubade, ou en faveur du docteur Gressent qui, comme vous le savez du reste, a manqué le coche lors des dernières nominations dans l'école, et auquel on offrirait, relié en vert espérance, le livre d'Epictète sur la *patience.*

Voilà encore un homme, Monsieur le docteur, qui, à force d'entendre répéter que tout vient à point à qui sait attendre, a fini par le croire. Là-dessus, il a attendu tranquillement pendant une douzaine et demie d'années, vivant simplement, travaillant et pratiquant, à l'édification de tous, persuadé que, s'arrondissant honnêtement dans son fromage, sans heurter ses voisins, il se ferait sa place.

Au bout de ses 18 années, craignant d'être oublié — cela s'est vu — il frappe doucement, bien doucement, à la porte du professorat, mais avec une certaine confiance, du reste, la confiance d'un chrétien, d'un bon chrétien même, qui, ayant fait suffisamment son temps de purgatoire, va enfin entrer au séjour des bienheureux.

A son appel, la porte s'entr'ouvre ; un jeune lévite, que personne n'attendait, montre son nez rond et son visage barbu, mais rayonnant de l'auréole des prédestinés. D'un saut il en franchit

le seuil, laissant derrière lui son concurrent stupéfait, interdit, confondu.

Le docteur Gressent est dérouté, il prétend qu'il a cependant toujours suivi la ligne droite. Croyez-vous qu'il arrive jamais,

Allant son train de sénateur ?

et ne faudrait-il pas qu'il changeât d'allure, qu'il fît un effort pour prendre le galop à l'occasion et pour sauter comme les autres ? Pour ma part, je crois que les haies du steeple-chase médical l'arrêteront encore, et il faudra que décidément il disparaisse du turf de l'école.

La modestie est un bon petit masque dans notre siècle de carnaval perpétuel ; mais sans l'effronterie, le plus fourbe ne va pas loin, et dans notre monde, où l'argent, pour raison connue, ne saurait être un moyen, c'est l'effronterie qui devient le nerf de l'intrigue. Les choses dureront probablement encore longtemps dans cette situation. Chacun suivra son fil dans le labyrinthe de la brigue, des petites cabales et des grandes manœuvres de l'art d'évincer ses concurrents, et l'on pourra dire glorieusement des vainqueurs à la fin de leur carrière qu'ils meurent chargés d'années et d'intrigues, « qui sont, disait une femme célèbre, des œuvres bien vides devant Dieu. »

Vous ne paraissez pas désireux, Monsieur le docteur, d'entretenir une correspondance avec votre serviteur. J'avais espéré qu'ayant voulu prendre la parole un jour que vous n'y étiez nullement provoqué, vous voudriez dire plus tard un mot que nous eussions écouté avec intérêt. Vous vous êtes retranché derrière votre dignité. C'est un rempart que vous deviez fortifier de votre dédain et derrière lequel il était aussi commode que naturel de vous abriter.

Je me vois donc obligé de terminer ici un entretien dont j'ai fait tous les frais ; mais je suis tout disposé à le continuer s'il vous convient de reprendre la parole.

Dans les questions de famille médicale qui se sont présentées depuis quelques années, j'ai cru devoir essayer de défendre l'intérêt de tous aux dépens de l'intérêt de quelques-uns, et j'ai été l'objet d'attaques sourdes et par conséquent sans dignité, ou bien je me suis trouvé en butte à de véritables provocations faites de la manière la moins supportable.

J'occupe dans le corps médical une position médiocre, et c'est là sans doute la raison du courage qui s'est montré en toute occasion. Je devais me défendre, et j' ai fait de mon mieux pour rendre le coup pour le coup.

Dans une profession comme la nôtre, où l'excellence de l'esprit est et doit être considérée comme la première qualité de l'homme, on n'est pas disposé à faire bon marché de son sentiment et à avouer une erreur ou un tort. Quelques-uns, à cause d'une réputation plus ou moins bien établie, plus ou moins bien méritée, à cause de la haute opinion qu'ils ont ou qu'ils veulent donner d'eux-mêmes, croient devoir renoncer à cette modestie, pourtant si nécessaire dans notre condition, et prétendent, comme ces disputeurs dont parle Montesquieu, « que ce qu'ils ont dit est vrai parce qu'ils l'ont dit, et que ce qu'ils n'ont pas dit n'est pas vrai parce qu'ils ne l'ont pas dit. »

Il en a toujours été ainsi. Un opuscule que je dois à l'obligeance de mon confrère le docteur Derocque nous montre de graves dissidences dans le corps médical de Rouen au commencement du siècle.

Si nous remontions plus haut, vous verriez quelles colères l'ancien collége des médecins montrait contre ceux qui ne voulaient pas se soumettre aveuglément à la discipline. Le collége qui proclamait tout haut « qu'en médecine, comme en religion, les principes devaient rester constants et invariables » déclarait « digne du fouet » l'auteur d'un libelle écrit contre les privilégiés de l'époque. Il le dénonçait « comme honteux et comme un véritable opprobre pour des hommes éclairés, » et afin de montrer l'excès de son indignation, il ne reculait pas devant l'épithète de « dégoûtant » pour qualifier le libelle (1).

Je ne voudrais pas jurer que quelques-uns parmi nos confrères, ne m'aient aussi jugé digne du fouet, mais j'espère que l'adoucissement qui s'est fait dans nos mœurs nous épargnera, à moi la peine de le recevoir, et à vous, si par hasard vous en étiez chargé, la peine de me le donner.

Je n'ai donc fait jusqu'ici qu'user de représailles ; ce sont les lois de la guerre. Fasse le ciel qu'il vous inspire à vous, Monsieur, et à vos complices, des idées de paix !

J'ai l'honneur d'être votre humble serviteur,

Louis LEVASSEUR.

---

(1) Avenel — *Les médecins du collége de Rouen*

LETTRE

A mon ami le docteur Jules RONDELET

Ancien Secrétaire du Comité de vaccine

Secrétaire d'un grand nombre de Sociétés savantes

> Le malheur d'un grand homme est une erreur des dieux.
>
> *Tragédie de Régulus.*

Mon cher Rondelet,

J'ai toujours eu pour toi un fond de sympathie qui tient sans doute à cette absence de pointes et d'aspérités qui fait de ta personne un tout arrondi et rebondi qui roule sur le chemin de la vie, sans écraser personne.

La classe est si nombreuse des pédagogues guindés, gourmés

et rageurs, que la rencontre d'un peu de simplicité sans innocence repose agréablement les yeux et l'esprit.

Quelque chose me rapproche encore de toi, Rondelet; je suis à peu près dépourvu des titres et dignités qui couvrent ta personne, mais j'espère que la conduite que tu mènes en politique depuis quelques mois effacera encore entre nous les distances, en faisant tomber ce masque de vains honneurs qui nous cachait l'homme, et dont la disparition ne fera point évanouir le héros.

Le fait est que tu as pris depuis quelque temps un petit air mutin que tes ennemis exagèrent à dessein, afin de te faire passer pour un séditieux, un cabochien, un père Duchesne en colère. Ne dirait-on pas qu'on est sans-culotte pour avoir oublié une fois en sa vie de mettre une feuille de vigne à son discours?

Rassure-toi, Rondelet; ils ne parviendront jamais à te faire passer pour un fils de Voltaire; et les honnêtes gens qui, sans te connaître, trompés par d'odieux discours, auraient pu te prendre pour un Marat, un Robespierre, riront les premiers de leur erreur à la vue de ta ronde personne. Nous sommes là, d'ailleurs, pour dire que tu n'es ni un libre penseur, ni un homme à idées neuves, et qu'en fait de religion, tu fêterais volontiers tous les saints, pourvu qu'ils fussent bons diables et point trop regardants.

A bien examiner, qu'as-tu fait de si terrible? Tu n'as pas voulu aller à la messe, tu as refusé de suivre MM. de Caumont, de Mailly, David et d'Estaintot, *id est*, la gentilhommerie enfarinée de science et de réthorique, la compagnie des Amadis et des Croisés comme les appelle le docteur Georges Pouchet. Tu te sentais peut-être mal à l'aise dans cette société féodale, toi, le fils d'un respectable croquant!

Quelle leçon tu as donnée aux admirateurs du roi Henri IV ! « Messe, mort ou Bastille, » lui avait dit son aimable cousin Charles IX, après la Saint-Barthélemy ; tu sais que le bon prince préféra la messe, peut-être eût-il choisi la porte, si comme toi, excellent Rondelet, il eût pu le faire.

Mais, n'as-tu pas rompu un peu bien brusquement avec tout un passé de mœurs paisibles, d'habitudes administratives? — Prends bien garde, Rondelet, cela sent le fagot : vouloir faire des réformes quant à la messe n'est pas d'un homme prudent, on peut bien n'être ni dévot, ni cafard, ni tartufe ; mais tu n'étais pas tenu, ô simple particulier que tu es ! de te poser comme un Luther ou un Calvin.

Le bon roi Henri IV a dit que Paris valait bien une messe. Pourquoi n'aurais-tu pas été le petit Henri IV de ce petit congrès?

Les bons frères t'ont répondu par la coutume, « la royne et empérière du monde ; » et ils t'ont battu : il n'y a que la mode qui puisse triompher de la coutume, bon Rondelet, parce qu'elle est souvent plus absurde et plus ridicule que son aînée. Tu n'es pas encore assez fort, et tu perdras à ce jeu ton temps, tes places et ta fraîcheur.

Tu as manqué le personnage que tu voulais jouer, mon ami Rondelet ; les grands rôles sont difficiles à bien tenir : contente-toi d'éclairer la scène et prends garde de te brûler à la rampe.

Au reste, l'insuccès du congrès t'a bien vengé, si j'en crois quelque lignes signées de ton nom dans le journal des *Onze abonnés*, dont tu es le plus curieux rédacteur. « Pas le plus « petit oriflamme, dis-tu en historien fidèle et satisfait, ni civil, « ni militaire, pas de représentation au théâtre, ni flammes de « Bengale, ni éclairage électrique, ni feu d'artifice, rien, abso- « lument rien ! La ville de Rouen a donné au congrès une hospi-

« talité aussi morne que possible, et elle a bien fait. » (*Numéro du 15 octobre.*)

Tu aurais voulu des oriflammes civiles et militaires, bon Rondelet ; tu aurais voulu des flammes de Bengale et des feux d'artifice ; tu les aurais peut-être allumés toi-même dans un moment d'entrain ; tu aimes les fariboles et les drôleries ; les feux d'artifice répondent à ceux de ton imagination!

Sais-tu bien, Rondelet, que tu dois remercier le ciel de t'avoir fait naître dans notre temps! Que serais-tu devenu, mon ami, s'il t'eût fallu, selon la coutume d'autrefois, faire ta partie au lutrin à la messe de Saint-Luc, et passer, *proh pudor* ! au guichet du confessional dans les jours réservés (*confessionis causa*) pour déclarer combien de fois tu aurais commis les sept péchés capitaux, combien de fois tu aurais épuisé la menue monnaie des péchés véniels ?

Si le Congrès n'a pas semblé s'apercevoir de ton absence, le public, qui n'est pas si ingrat qu'on le dit, en a été bien affecté *in petto*. L'éclatante manifestation que tu as faite n'a pas eu de retentissement en Europe, mais on te doit cette justice que tu n'as rien négligé pour en faire un événement. Ce n'est pas ta faute si l'on ne peut faire accoucher une souris d'une montagne.

L'année n'était pas bonne pour les manifestations, il faut en convenir. Tu avais offert ta démission de membre du comité de vaccine, et on l'a acceptée comme une démission ordinaire. Tu voulais encore donner celle de membre de l'Association, et tu l'aurais fait, Rondelet, si tu n'avais tenu « ton mandat de secrétaire, de la confiance de tes confrères de *tout le département*. » (Procès-verbal du 17 nov. 1865.) C'est toi qui as écrit cette déclaration dans les procès-verbaux où tu parles de toi-même à la troisième personne, avec le respect d'un domestique de bonne maison pour son maître.

Mais ta conscience n'est-elle point chargée de quelque peccadille à l'endroit de la vaccine? On t'avait longtemps considéré comme le Louis XIV du Comité; le Comité, c'était toi ; et l'affection ou l'admiration que tu excitais avait fait fermer les yeux sur quelques façons un peu bien royales.

Un homme s'est rencontré qui a voulu discuter avec toi, Rondelet :

J'ai l'honneur de servir Nosseigneurs les Chevaux,

t'a-t-il dit,

Et fais aussi la chirurgie.

Et là-dessus, il a voulu causer grec et latin, parler virus, cow-pox, pustule, prophylaxie. Il a voulu concourir avec toi pour préserver l'humanité du fléau dévastateur. D'associés, vous devîntes émules; d'émules, rivaux; l'accord ne fut plus possible.

Que se passa-t-il alors entre vous deux, Rondelet? — On ne sait; mais tu te plaignis d'avoir été maltraité. Avec ton imagination ardente et fertile, tu crus ressentir une vive douleur; surpris par ta sensibilité ordinaire, tu te répandis en longs gémissements. On pensa, un instant, que tu avais été frappé dans tout ce que tu as de plus cher, et tu semblais nous dire qu'on t'avait touché à cet endroit charnu où Scapin se plaint quelquefois de recevoir des coups de pied.

On accourut pour voir ; et soit que l'exhibition des pièces ne produisît pas le même effet sur tout le monde, soit que l'auteur de l'attentat eût fait voir qu'il n'y avait qu'une tache d'encre au lieu d'un noir, toujours est-il que la majorité trouva que le coup avait réellement porté, tandis que, tout seul avec son audace, le Nestor de la vaccine, sans s'excuser sur l'affaiblissement de sa vue, déclara que le cas présentait peut-être quelque malignité cachée, mais qu'il n'avait rien de grave : c'était le résultat d'un assaut pour remporter un prix d'humanité, et, sur ce terrain, les coups sont toujours glorieux où qu'ils puissent porter.

Pour te faire plaisir, Rondelet, — car personne ne m'avait chargé de ce soin, — j'ai évoqué l'affaire. Que tous ces plaideurs, me suis-je dit, soient Normands ou qu'ils viennent du pays de l'hyperbole, de la Gascogne ; je n'en veux rien savoir, il ne faut pas que l'amour du pays puisse peser sur mes jugements, la justice est ma règle, et je n'oublie pas que l'affaire est délictueuse et peut-être criminelle.

Je voyais devant moi des accusés qui semblaient braver le ciel, tandis que toi, tu le prenais à témoin de ton bon droit, tandis que tu demandais simplement qu'on ne prît pas souci de ta personne et qu'on ne vît dans l'affaire que la cause de la corporation à ta cause attachée.

Tu fais bien de le répéter de temps en temps, Rondelet ; sinon ils finiront par oublier que tu représentes le corps médical du département ; il ne s'agit pas d'être modeste, mais d'être vrai, or :

Le vrai peut quelquefois n'être pas vraisemblable.

Cela est d'autant plus nécessaire que les accusés répondent, et répondent effrontément, que tu représentes la médecine du département comme le tambour-major représente l'armée française, le souffleur le théâtre, le suisse l'église.

Mais tes cris, comme ceux de l'innocence outragée, dominent ces rumeurs ; ils dénoncent surtout un coupable.

J'ai jugé comme toi, Rondelet : — c'est lui, c'est l'hippiâtre que tu as voué aux Dieux infernaux, sur lequel tu as crié *raca* ; c'est à lui que tu voudrais, dans les rares instants où tu es cruel, voir appliquer la loi de Lynch ; c'est lui que je condamne ; mais que de cuisants remords, tu peux m'en croire, ont depuis longtemps puni dans le secret de sa conscience. Je veux, Rondelet, qu'il vienne faire amende honorable à tes pieds, la corde au cou, qu'il te crie grâce et merci. Je ne puis faire davantage, mon vieil ami, c'est à toi de faire exécuter la sentence.

Mais le complice ! Rondelet, qu'en vas-tu faire ? Faudra-t-il lui enfoncer le poignard dans le sein ? — Ce serait d'un Romain. Sacrifier le souvenir de vieux services rendus, d'une tutelle de quinze ans, d'une amitié que tu déclarais celle d'un protecteur, sacrifier tout enfin à l'intérêt de la Corporation ; voilà qui serait d'une vertu antique.

J'ai ouï dire qu'en un Conseil il fit appel à ta mémoire, il te parla de ses bienfaits :

JULES, tu t'en souviens, et veux m'assassiner !

Le corps médical est consterné, ami Rondelet. Il voit divisés par les plus féroces passions ses deux meilleurs amis, ceux qu'il était accoutumé à entendre lui dire qu'ils le protégeaient, qu'ils le défendaient, qu'ils le sauvaient chaque jour. Vous leur étiez dévoués jusqu'à la bourse, Rondelet; c'était celle de l'Association qui vous fournissait les secours que vous alliez distribuer, avec une bruyante charité, à la veuve et à l'orphelin. Vous combiniez vos efforts, et si les années s'écoulaient sans que les vaccinateurs fussent payés de leurs services, on savait que la conservation de vos fonctions, si nécessaire à la prospérité de la Corporation, exigeait envers l'autorité des ménagements que vous observiez avec une scrupuleuse prudence.

Un nouveau conseil de vaccine vient de surgir, sans qu'aucun considérant nous ait expliqué sa naissance, et il a donné immédiatement la mesure de son amour pour la vaccination, en récompensant ceux-là mêmes que la mort a soustraits à sa sollicitude. Les mânes de ces lauréats vont tressaillir dans la tombe, à la voix qui leur décerne ces palmes terrestres que le Ciel voudra confirmer par une rémunération divine.

Tu as disparu dans ce cataclysme; et l'ingratitude publique va te suivre dans ta retraite. Je n'ai qu'une inquiétude, Rondelet, je crains qu'on ne t'accuse de dépit dans cette affaire. Tu viens de perdre une place qui te valait vingt écus, bon an, mal an, et ces joyeux festins offerts par les confrères du dehors au *missus dominicus*, où tu buvais à la confraternité médicale.

Écarte par la régularité de ta conduite tout soupçon de rancune. Ta gloire est sans tache: les échos de la presse ont retenti du bruit de tes succès dans la carrière vaccinale. Tu es le Jenner de la Seine-Inférieure; je ne sais que la génisse du vétérinaire ton ennemi, ou la cavale du docteur Elbeuvien, pour te disputer le pas.

Tu tiens ta réputation dans ta main, Rondelet. Que les ferments d'indépendance qui viennent de se révéler en toi se développent ; emploie réellement cette énergie si mâle et si nouvelle au service du corps médical dont tu es un membre vigoureux et considérable ; et nous mettrons pour épigraphe sur ta tombe :

Il détestait la messe, il aimait bien son corps !

Vale et me ama.

Louis LEVASSEUR.

LETTRE

A Monsieur le Président de l'Association des médecins de la Seine-Inférieure.

> Le célèbre Dupuytren laissa un jour tomber son livre d'heures à la messe du château. « Voilà M. Dupuytren qui perd ses heures, dit la duchesse d'Angoulême. — Oui, répondit le duc d'Havré, mais il ne perd pas son temps. »
>
> TH. MURET.
>
> *L'Histoire par le Théâtre,*

MONSIEUR LE PRÉSIDENT,

L'association étend sa protection, soi-disant tutélaire, sur toute la circonscription médicale du département. Il ne serait pas inutile d'appeler l'attention de l'autorité préfectorale sur les singularités professionnelles qui s'accomplissent au Hâvre.

Dans ce pays, une benoîte administration hospitalière, régentée par de saints cotillons, confère les grades à qui sait faire chattemite et adorer les saints du lieu. Les médecins entrent en fonctions, comme on entrait autrefois en religion ***auctoritate sanctæ abbatiæ***, et ils conservent leur poste, s'ils veulent porter le chapelet de sainte Thérèse ou de sainte Gudule, s'ils consentent à recevoir, comme Vert-Vert :

Les petits soins, les attentions fines,
Mille bonbons, mille exquises douceurs,
Dont se chargent toujours les poches de nos sœurs.

Dans ce pays, on devient interne par la grâce de Dieu et médecin d'hôpital par la grâce des dames ; mais les nominations s'y font dans l'ombre du plus épais mystère, et le huis-clos est requis comme pour les affaires scandaleuses.

A certain jour, la nouvelle se répand qu'il vient de naître dans l'hôpital un chirurgien distingué, un médecin illustre. Ces savants, arrachés aux ténèbres de l'inconnu et de l'oubli qui les couvrait, sont révélés au public par l'administration hospitalière. Couvés au sein du chapitre, ils viennent d'éclore avec leur renommée dès lors universelle.

Cependant une clameur s'élève : la voix du peuple se prononce contre la voix des nonnes ! Mais de saints journaux se croisent pour elles, et crient chaque matin : Dieu le veut ! Abusant des armes spirituelles, ces journaux ergotent allègrement, désarmant leurs adversaires et le public à force de joyeusetés et de folles épigrammes. Frappant dans l'air, un goupillon à la main, d'estoc et de taille, ils poussent à la fin de la bataille un triomphant : *Non possumus.*

C'est le dernier argument, le dernier mot d'une discussion où ils ont brillé par leur ignorance des choses, l'embarras bien accusé d'une situation fausse, le désagrément d'avoir vu des affirmations repoussées victorieusement par d'impitoyables adversaires.

Quelle heureuse invention que ce : *Non possumus*, et que ces deux mots-là sont commodes pour se tirer des circonstances difficiles !

Cette administration, leur dit-on, est incompétente à choisir ses médecins.

Elle méconnaît son devoir, elle oublie la vertu, si vantée pourtant, de l'humilité, au point de contester à l'administration municipale le droit d'intervenir dans la gestion des affaires de l'hôpital; et à ceux qui lui apportent des conseils et des remèdes, on répond : *Non possumus*.

Ne voyez-vous pas, lui dit-on, qu'il est contraire à la raison, et peut-être aux droits de l'humanité, d'attribuer tout d'un coup une lourde mission à ce jeune homme qui, étudiant hier, est subitement devenu un chirurgien chargé, demain, d'opérations graves, douloureuses, sanglantes, qui compromettent la vie des patients? Ne sentez-vous pas que des garanties sont dues à l'existence du prolétaire et de l'indigent aussi bien qu'à celle des heureux du monde? Ne trouvez-vous pas qu'il serait bon de ménager un peu les intérêts et la dignité de toute une corporation dont on blesse ainsi les justes susceptibilités, dont on détruit le sentiment d'émulation, dont on révolte la conscience et n'y a-t-il pas lieu de changer ces errements ? — *Non possumus*.

Mais enfin, verra-t-on toujours certaines gens profiter de leur situation pour s'attribuer un titre nouveau, une place nouvelle et l'ajouter aux places et titres déjà conquis? Verra-t-on, par exemple, un édile profiter du choix qu'ont fait ses concitoyens de sa personne pour prendre un poste médical bien rétribué, afin de montrer à ses compatriotes son amour pour le bien public? — Tout cela est-il juste, et la décence, qui doit avoir sa place dans la morale publique, n'en est-elle pas offensée? Ne faudrait-il pas mettre un terme à quelques abus courants du même genre? — *Non possumus*.

Ne trouvez-vous pas, Monsieur le Président, que ce *Non possumus* a quelque chose d'imposant et de brutal qui mérite d'être admiré? — C'est un roc contre lequel se heurtent et se brisent les raisonneurs, les philosophes, et cette race de protestateurs qu'on appelle les écrivains.

Notez que, pour les choses de détail et de moindre importance, le même résultat se rencontre. Donnez au moins, disait un ami des malades, donnez au moins un distributeur diplômé de médicaments pour notre hospice, donnez au moins un pharmacien. Une erreur est bientôt commise. Pourquoi laisser à des religieuses la terrible responsabilité d'administrer ces subtils poisons qui sont nos meilleurs médicaments et dont une infinitésimale quantité détruit soudainement la vie ? — *Non possumus*.

Il faut en convenir, Monsieur le Président, la situation des hôpitaux du Hâvre est loin de mériter des éloges ; mais il ne serait pas difficile d'y remédier si les influences dont nous avons parlé consentaient à s'effacer un peu. Vous croyez sans doute que la présence des religieuses dans un hôpital est utile, et beaucoup de bons esprits sont de cet avis. Nous ne sommes pas absolument de l'opinion de ce moine qui s'écriait dans un moment de terreur: « *A monialibus fuge sicut a peste* : » Sauvez-vous des religieuses comme de la peste; et nous croyons que leur dévouement est toujours digne de respect et quelquefois d'admiration ; mais l'excès en tout est un défaut, et l'on serait tenté de leur répéter, en tant qu'administration, le mot fameux : Pas de zèle !

Le remède est tout indiqué : c'est le concours. Qu'il s'applique de telle ou telle façon, la question n'est pas là. Qu'on admette le principe, et les détails viendront après.

Mais le concours a le tort de s'opposer au doux plaisir qu'on se procure en servant ses amis, au détriment quelquefois de la justice et à la grande joie du diable et de ses suppôts.

Présentement, Monsieur le Président, l'art le plus nécessaire dans notre profession n'est rien moins que celui de guérir, et à ce point de vue, pour les médecins encore plus que pour les malades, c'est un art trompeur.

Puisque nous avons une association, ne pourriez-vous faire, Monsieur le Président, qu'elle servît à quelque chose ? La vaccine est dans vos mains, et votre attention à récompenser le mérite suit les gens jusque dans l'autre vie ; faites quelque chose pour les vivants.

Portez à l'autorité du département nos tristesses, notre découragement, et dites-lui que nous ne sommes pas seulement des ministres de bienfaisance et de charité dont on réclame souvent le concours sans le récompenser, mais que nos intérêts sont solidaires avec ceux des populations ; que l'absence d'émulation engendre l'abandon de soi-même, l'oubli du travail, le dégoût de la profession, et par suite l'abaissement dans l'intelligence et le savoir !

Je suis, Monsieur le Président, votre très-humble serviteur,

Louis LEVASSEUR.

EVREUX. — BERNAUDIN, IMPRIMEUR.

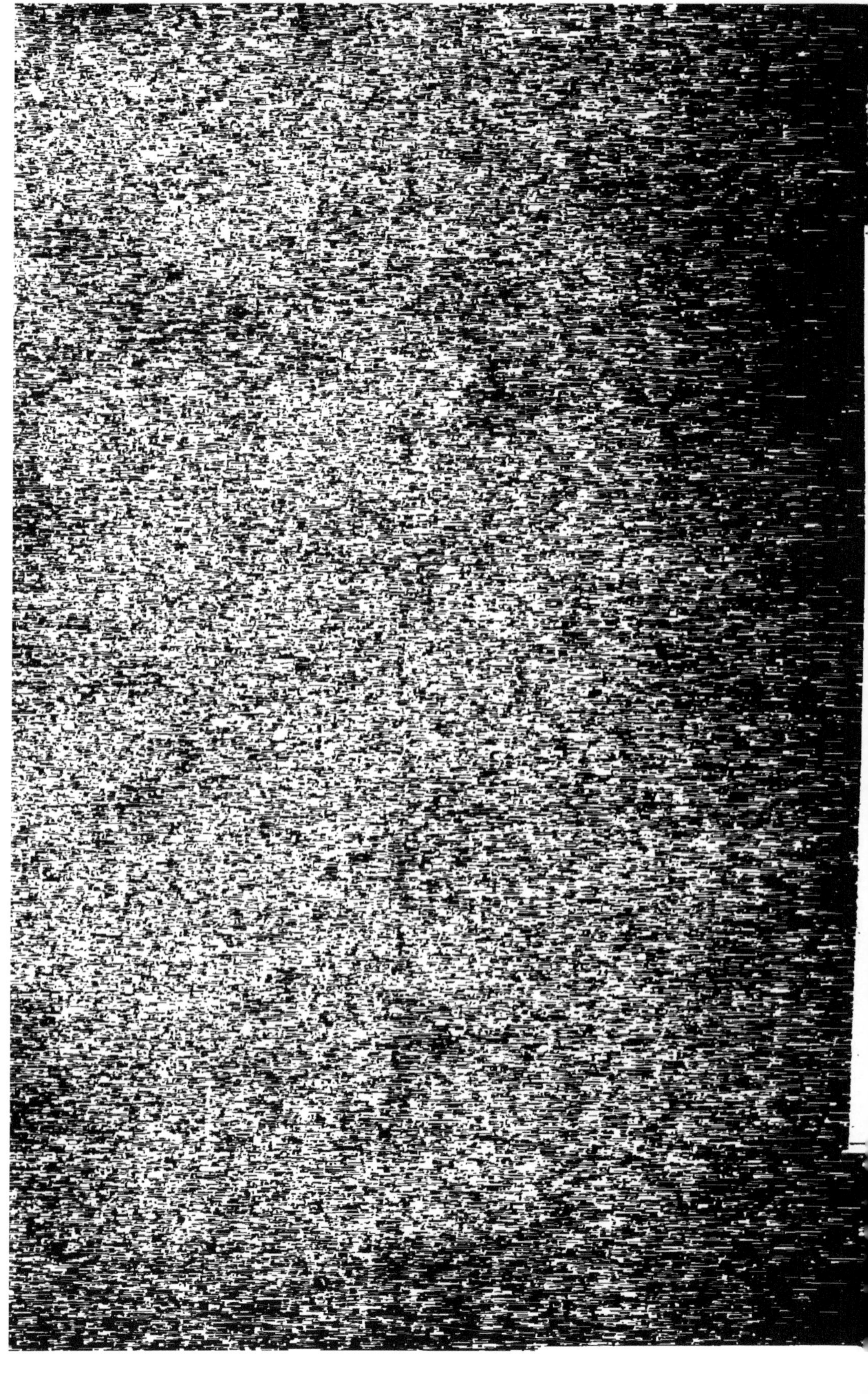

www.ingramcontent.com/pod-product-compliance
Ingram Content Group UK Ltd.
Pitfield, Milton Keynes, MK11 3LW, UK
UKHW020221200726
13856UKWH00004B/1537

9 782012 395572